AF253766

# PANÉGYRIQUE

## DE

# L'abbé LOUIS BEAULIEU

MISSIONNAIRE EN CORÉE

## MARTYRISÉ LE 8 MARS 1866

PRONONCÉ DANS L'ÉGLISE DE LANGON LE 2 MAI 1867

PAR

## L'abbé Félix LAPRIE

CHANOINE HONORAIRE

PROFESSEUR A LA ·ACULTE DE THEOLOGIE DE BORDEAUX

BORDEAUX

TYPOGRAPHIE Vᵉ JUSTIN DUPUY ET COMP.

RUE GOUVION, 20.

1867

A L'ANTIQUE & VÉNÉRABLE

# ÉGLISE DE BORDEAUX

FILLE DE St MARTIAL QUI AVAIT VU LE SEIGNEUR,

MÈRE DE TANT DE SAINTS,

ILLUSTRÉE PAR UNE LONGUE SUITE DE GRANDS ÉVÊQUES

& AUJOURD'HUI PAR UN EMINENTISSIME CARDINAL,

EN L'HONNEUR DU MARTYR

QU'ELLE VIENT DE DONNER A JÉSUS-CHRIST,

HOMMAGE DE PIÉTÉ FILIALE.

# FÊTE DE LANGON

EN COMMÉMORATION DU MARTYRE DE LOUIS BEAULIEU

2 Mai 1867.

(Extrait de l'AQUITAINE du 12 Mai 1867).

. . . . . . . . . . . . . . . . . . . . . . . . .

. . . . . Langon a toujours été l'objet de mes affections les plus vives ; mais ma conscience et mon cœur s'indigneraient contre moi, si je ne proclamais que depuis le 2 mai, Langon me paraît plus que jamais digne d'amour.

Quoiqu'il arrive, la lumière de ce jour restera au front de ma ville natale comme une douce et brillante auréole. Si l'honneur des fils rejaillit sur leur mère, Langon, qui a donné naissance à un martyr de la foi, L.-B. Beaulieu, n'a plus rien à envier à des cités plus illustres. Qu'il se glorifie donc, mais surtout qu'il se souvienne, et que l'image du héros chrétien, sans cesse présente à ses regards, ne cesse de lui dire qu'il est des biens au-dessus de tous les autres, et que, pour les conserver, la vie et la mort doivent être regardées comme rien....

Quel jour ! quelle pompe ! Dans quelle région élevée nous avons été tous transportés ! A Amiens, pour Mgr Daveluy, la solennité a pu avoir un éclat officiel plus grand, elle n'a pas été plus émouvante. A Dijon, pour M. l'abbé de Bretonnières, elle a été circonscrite dans l'enceinte d'une cathédrale, et a manqué, par conséquent, de cette expansion extérieure qui noie tout un peuple dans une atmosphère de foi et d'enthousiasme. A Langon, rien n'a manqué, ni la pompe du dedans, ni les manifestations du dehors. Chacun glorifiait un fils, un concitoyen, un héros, et il y avait dans les âmes et dans les regards je ne sais quoi de triomphant et d'attendri qui indiquait que, dédaigneux des surfaces, chacun était entré avec amour dans l'esprit de la cérémonie.

Je ne m'arrêterai pas à dire les détails. L'affection et l'admiration avaient tout fait, c'est dire que tout avait été admirablement fait. D'un bout à l'autre de la petite ville, la communauté des sentiments avait amené, sans concert préalable, sans pression officielle, une harmonie parfaite de décoration. Des arcs de triomphe magnifiques à l'entrée et au bout des rues que devait parcourir la procession, des guirlandes partout, de manière à former une élégante voûte de verdure, des banderolles au vent, des inscriptions naïves ou sublimes, des acclamations à *notre martyr*, voilà pour la parure extérieure. Au dedans, c'était comme un coin du ciel. Le sanctuaire était tendu de pourpre; de l'arc triomphal une grande croix rouge descendait au milieu des festons, portant une couronne d'immortelles; chaque pilier portait une devise; de chaque clef de voûte tombaient des lampadaires élégants et des ornements de couleurs diverses, qui, courant d'ogive en ogive, se balançaient doucement au souffle de la multitude. Tout cela, une piété ingénieuse l'avait préparé, et le zèle intelligent de M. le Curé et de ses vicaires l'avait inspiré et dirigé.

Représentez-vous, sous ces décorations, une foule compacte, dans cette enceinte toute pleine de l'harmonie des chants sacrés et des instruments de musique deux cents prêtres en habit de chœur; tout près de l'autel, sur un trône élevé, ayant en face l'ancien évêque de Vannes, cette autre victime de la charité, Son Eminence entourée de nombreux dignitaires de son chapitre, et vous aurez une idée de ce qui impressionnait le regard. Mais ce que vous ne sentirez pas, c'est l'impression tout à la fois douce et poignante qui s'était emparée des âmes.

Pour moi, tout en écoutant, au commencement de la cérémonie, le discours si remarquable d'à-propos de M. le Curé et la réponse empreinte d'un sentiment si paternel et si élevé que lui fit Son Eminence; tout en associant à la pensée du sacrifice offert par le Prince de l'Eglise la pensée du sacrifice offert par mon jeune compatriote; tout en suivant la procession du matin dans des voies connues et au milieu d'un flot de spectateurs respectueux et empressés; tout en conduisant sous les mains de Son Eminence les enfants qui imploraient une bénédiction, je me sentais transporté ailleurs. Moi aussi, — et combien d'autres avec moi !

— moi aussi j'étais en Corée, et sur la sanglante arène je contemplais les restes mutilés du jeune ami devenu notre protecteur.

Depuis lors, cette vision ne me quitte pas. Dans mon souvenir, avec cette vivacité de coloris et ce je ne sais quoi de puissamment dramatique qu'un panégyriste inspiré par un cœur chaleureux et un talent hors ligne a su lui donner, j'ai toujours devant les yeux le tableau des terribles épreuves supportées par l'abbé Beaulieu. Il me semble le voir, nouvel *Etienne*, endurer, plein de grâce et de force, *plenus gratiâ et fortitudine*, les coups de ses bourreaux. Le dépouillant de ce costume coréen dont il était couvert, je le revêts de l'angélique candeur que nous lui avons connue et de la virilité dont il a donné des preuves, et l'ayant regardé broyé sous les verges comme la paille sous le fléau des moissonneurs, je baise ses blessures avec un saint respect, et je cherche sur ses lèvres le sourire avec lequel il regardait le ciel, *fortitudo et decor indumentum ejus et ridebit in die novissimo*.

. . . . . . . . . . . . . . . . . . . . . .

Ne dirait-on pas une page des actes des premiers martyrs, et Louis Beaulieu n'est-il pas le digne frère de ceux qu'immola la rage des empereurs, et dont le nom, dans le royaume de la vérité, rappelle ce que la vertu a de plus aimable, et l'héroïsme de plus divin ?

C'est dans ces pensées que nous passâmes tous cette belle matinée du 2 mai, soit pendant la messe qui fut solennellement célébrée par Son Eminence, soit pendant la procession qui suivit. On peut dire, sans craindre de se tromper, malgré la magnificence et l'éclat des choses extérieures, que les yeux de l'âme étaient surtout tournés vers le spectacle que j'ai essayé de décrire. Cependant, les choses extérieures étaient bien belles ; on ne pouvait regarder sans attendrissement et cette famille objet de tant de sympathies et si digne de compter un saint parmi ses membres, et cette tribu de Lévi qu'a produite Langon et qui se groupait avec une fierté particulière autour du Prince de l'Eglise, et ces prétres de tout âge accourus pour glorifier un enfant, et cette foule pressée, et cet évêque revenu victorieux, quoique blessé, d'un autre champ de bataille, et cet éminent Cardinal qui semblait, tant il était heureux, porter autour de ses cheveux blancs l'auréole nouvelle mise par la main du jeune martyr au front de l'Eglise de Bordeaux, sa mère, et de la ville qui fut son berceau. Il manquait quelqu'un à cette fête pour la rendre plus attendrissante encore ; mais, du haut du ciel, la mère de Louis Beaulieu souriait au triomphe de son fils, et son âme si pieuse et si douce était avec nous pour remercier Dieu et pour célébrer la victoire de l'Eglise.

Dans l'après-midi, l'affluence parut être plus considérable encore. On avait chanté le matin la messe de la Sainte Trinité, on chanta le soir les vêpres de l'Invention de la sainte Croix. Les prescriptions liturgiques s'harmonisèrent ainsi à souhait avec la circonstance : c'était toujours la croix du Sauveur, mais teinte cette fois du sang de l'un des nôtres ; aussi l'office divin fut-il chanté avec un entrain et une allégresse admirables.

A l'issue des vêpres, M. l'abbé Laprie monta en chaire, et, pendant plus d'une heure, tint suspendu à ses lèvres l'auditoire qui l'écoutait.

Je voudrais parler de ce discours, mais je craindrais de ne pas le louer suffisamment. Je n'en dirai qu'un mot, c'est qu'il a été digne de l'orateur et surtout qu'il a été digne de la circonstance. L'émotion du panégyriste, qui a été l'ami et le père spirituel de l'abbé Beaulieu, s'est vite communiquée à l'assistance, et c'est en versant des larmes que prêtres et fidèles ont suivi le jeune apôtre parcourant sa carrière et tombant comme un soldat, *bonus miles Christi*, sur un champ de bataille lointain. Une œuvre pareille ne s'analyse pas. Mais que M. Laprie me permette de lui dire que son panégyrique ne lui appartient plus, et qu'il doit le livrer — c'est pour lui un devoir de charité — à la pieuse curiosité de ceux qui n'ont pas eu le bonheur de l'entendre.

P.-M. GERVAIS,
Chan.-hon.

# PANÉGYRIQUE

## DE

# L'ABBÉ LOUIS BEAULIEU

L'auteur déclare que les dénominations de *saint, martyr, reliques,* etc., qui peuvent se trouver dans ce panégyrique n'ont été employées que pour la commodité du discours. Il n'entend nullement prévenir le jugement de la Sainte Eglise romaine, dont il veut être toujours le fils dévoué et soumis.

Bordeaux, 12 mai 1867, en la fête du patronage de S. Joseph.

Félix LAPRIE, *chan. hon.*

*Bonus miles Christi Jesu.*
Un bon soldat de Jesus-Christ.
(II. Ep. ad Tim. cap. II-3.)

Éminence,[*]
Monseigneur,[**]
Messieurs,

Il est donc vrai qu'après dix-huit siècles, il faut encore à Jésus-Christ des apôtres qui meurent pour lui et pour les âmes ! Il est donc vrai que ces apôtres, ces martyrs, c'est la noble race des Francs qui, plus particulièrement que les autres, a l'honneur de les enfanter, et que, sous ce rapport, la fécondité de la fille aînée de l'Eglise ne s'épuise jamais... Il est donc vrai, qu'au milieu des défaillances publiques, il se trouve encore des âmes fortes et vaillantes qui, ayant embrassé la carrière du sacrifice, ne peuvent s'y contenter des dévouements ordinaires, et se jettent à corps perdu dans les dévouements héroïques ; des âmes pleines de Dieu, qui aiment Dieu jusqu'à braver, pour l'amour de lui, les plus affreux supplices, la plus terrible des morts !... Il est donc vrai que dans cette nouvelle constella-

[*] S. Em. Mgr le Cardinal Donnet, Archevêque de Bordeaux.
[**] Mgr Gazailhan, Evêque démissionnaire de Vannes.

tion de neuf martyrs, qui vient de se lever au firmament de l'Eglise et que toute la chrétienté a saluée de son admiration, nous avons la joie de compter un de nos frères, et la cité de Langon un de ses fils... Et ce martyr, le plus jeune de tous : *Benjamin amantissimus Domini* [1], toutes les relations nous attestent que, sur les neuf, c'est un de ceux qui ont le plus souffert, un de ceux qui ont le plus chèrement, le plus glorieusement conquis leur palme. O mon Louis ! ô mon bien-aimé Beaulieu ! ton nom s'échappe de mon âme, et c'est en vain que je voudrais le retenir plus longtemps... Cher Louis, cher Beaulieu, suspends un moment ta bienheureuse extase au sein de l'essence divine, pour regarder cette fête que Langon t'a préparée. En fut-il jamais de plus belle? Regarde ces arcs de triomphe, ces voûtes flottantes de feuillages et de fleurs ; ces maisons pavoisées, ces inscriptions qui chantent ta gloire, cette ville tout entière parée et rayonnante comme une fiancée. Quelle magnificence de toutes parts ! quelle allégresse universelle ! quel enthousiasme indescriptible !... Regarde cette immense assemblée !... Voilà tes parents chéris, ta seconde famille, si digne de la première qui n'est plus ; voilà tes amis et tes concitoyens ; voilà, avec un prélat que la Bretagne regrette et qui porte sur son front de douloureuses gloires, voilà toute une légion sacerdotale autour d'un Pontife vénérable, qui m'apparaît dans ce sanctuaire splendide, comme l'Ancien des jours à l'exilé de Pathmos : *In medio septem*

(1) Deut. XXXIII-12.

*candelabrorum aureorum…Caput autem ejus et ca-
pilli erant candidi tanquam lana alba et tanquam
nix :* *Au milieu des sept chandeliers d'or, sa tête
et ses cheveux étaient blancs comme la laine blan-
che et comme la neige* (1). Voilà tout un peuple venu
des quatre vents pour entendre ton éloge ; mais cet
éloge, ne crains pas qu'il s'arrête à ta personne…
Du haut du ciel ta modestie nous le reprocherait.
Non, en te louant aujourd'hui, c'est Dieu surtout
que nous prétendons louer.

Et si, pour être éloquent, il suffisait à un panégyriste d'aimer tendrement son héros, je serais
sûr de rencontrer les accents de l'éloquence ; car,
il faut bien qu'on me permette de le dire, j'ai
connu Louis dès son plus bas-âge, j'ai aimé son
âme entre toutes les âmes, et si mon cœur ne me
fait pas trop illusion, vous avez devant vous plus
qu'un frère aîné chargé de louer son jeune frère :
c'est presque un père qui vient raconter la vie et
la mort de son fils.

Eminence, votre présence au milieu de cette
fête est déjà un éclatant hommage rendu à notre
martyr ; elle me consolera un peu de l'insuffisance
de mon discours. C'est donc sous vos auspices, et
sous la protection de la Bienheureuse Vierge
Marie, que j'entreprends le panégyrique de Bernard-Louis Beaulieu, prêtre, missionnaire, supplicié
et mort pour la Foi, à l'âge de vingt-cinq ans.

(1) Apocal. I-13, 14.

## I.

Un bon soldat de Jésus-Christ, *bonus miles Christi Jesu;* il me semble, Messieurs, que tout l'éloge de Louis Beaulieu est dans ces mots; et j'ai simplement à vous dire par quel concours de la grâce divine et de sa propre vertu il mérita ce glorieux titre.

C'est Dieu qui fait les conquérants, dit Bossuet, d'après la sainte Ecriture [1]. J'en conclus que c'est Dieu qui fait les missionnaires, les apôtres. Conquérant et apôtre, c'est en effet tout un; et, dans les desseins de la Providence, les conquérants devraient se proposer le même but que les apôtres : étendre, agrandir le règne de Dieu, frayer le passage à la croix à travers les pays infidèles. Mais voilà longtemps que la croix fait son chemin toute seule, c'est à-dire portée uniquement par des missionnaires désarmés.

J'ai posé mes mains sur les portes des Cieux et elles se sont ouvertes. *Saint, saint, saint est le Seigneur, le Dieu des armées* [2], et devant le trône de Dieu j'ai vu l'Humanité de Jésus-Christ avec ses plaies victorieuses, dont l'éclat illumine la cité céleste; et ces plaies avaient une voix suppliante, et jour et nuit cette voix demandait au Père d'envoyer des messagers de la rédemption à tant de

(1) Oraison funèbre de Condé.
(2) Isaïe, VI-3.

millions d'âmes pour lesquelles le sang divin a été répandu, et qui n'ont pas encore appris la bonne nouvelle. Or, la vocation des missionnaires est la réponse de Dieu à cette prière de l'Agneau immolé et rédempteur. Et quand Dieu marque une âme, pour le ministère de l'Apostolat lointain, rien n'est admirable comme le travail de Dieu sur cette âme; admirable aussi est la coopération de cette âme au travail divin qu'elle subit! Seulement, il ne nous est pas donné de connaître ici-bas tous les merveilleux secrets de ce travail et de cette coopération. C'est à peine s'il en vient jusqu'à nous quelque petit bruit, quelque lueur fugitive; mais, ce peu, c'est encore assez pour nous ravir d'admiration, pour nous arracher ce cri : *O altitudo! ô admirabile commercium!*

Toute vie de missionnaire-martyr peut se partager en deux époques : l'une, qui commence au berceau et s'étend jusqu'au jour où le missionnaire, le soldat de Jésus-Christ quitte les rivages de la patrie et entre en campagne; l'autre, qui s'étend depuis ce moment jusqu'à son supplice, et par delà. L'une, que j'appelerai l'époque de la *préparation,* et l'autre, l'époque de l'*action.*

Or, écoutez en premier lieu l'histoire de la préparation de notre cher Louis.

Louis Beaulieu naquit dans cette ville de Langon, le 8 octobre 1840. Voilà les fonts baptismaux où il reçut le sacrement de la régénération. Jusqu'à l'âge de dix-sept ou dix-huit ans, le futur missionnaire marcha simplement devant lui, sans se douter des desseins du Ciel sur son avenir. Ce fut la période du silence de Dieu... Mais Dieu travaille tout en se taisant... Il y a un silence qu'on a appelé le silence des bonnes choses, parce qu'il en est le prélude et comme la germination secrète, souterraine. Le premier instrument de la Providence de Dieu auprès de Louis, ce fut la mère qu'il lui avait donnée ; pieuse et sainte femme dont il m'est doux de rencontrer le souvenir au début de ce discours.

Elle n'avait que dix-neuf ans, lorsqu'elle le mit au monde, et déjà elle était veuve depuis plus de trois mois ; mais les âmes d'élite grandissent dans le malheur, et cette femme, nul de ceux qui l'ont connue ne me contredira, c'était une âme d'élite, une grande âme. Il suffisait de la voir pour se sentir pénétré de respect. Quelle aimable modestie ! quelle angélique douceur !! On ne se souvient pas de l'avoir jamais vue troublée par un mouvement de colère ! Et ces apparences si douces, si touchantes, voilaient une force intime capable de tous les dévouements, de tous les sacrifices, capable du martyre, elle aussi ! Ayant le bonheur de ne pas être riche (c'est ainsi que parle l'Evangile), la jeune veuve exerçait un négoce qui l'obligeait à de fréquents et pénibles voyages. Il lui fallait laisser son enfant entre des mains étrangères, partir souvent avant le jour, rentrer bien après le coucher du soleil, tenir des écritures, veiller à mille détails, affronter des fatigues sans cesse renouvelées et qui auraient effrayé un homme. Mais, qu'importe ce qu'il fallait? Dieu le voulait, tout était dit... Elle trouvait dans sa foi, dans la prière, la force dont elle avait besoin. D'ailleurs, elle travaillait pour son fils, et cette pensée aurait suffi pour la soutenir. Voulant que son Louis fût l'enfant de la Vierge Marie, autant et plus que le sien, elle l'avait voué aux blanches couleurs de la Vierge, qu'il porta jusqu'à cinq ans. Le petit ange grandissait, et sur son visage enfantin, on voyait se dessiner peu à peu les traits délicats et charmants de celle qui lui avait donné le jour... Que mes auditeurs me pardonnent si je m'arrête si longtemps à parler de la mère de Louis... il me semble que je me conforme par là aux sentiments de notre martyr, car je sais combien il aima sa mère. La plupart des hommes, en entrant dans la vie, ont à partager leur affection entre un père et une mère; lui, il n'avait eu que sa mère à aimer.

La première fois que je vis cet enfant et cette mère, l'enfant n'avait pas encore trois ans, et la mère continuait à porter son deuil de veuve. L'enfant jouait sur le seuil de sa modeste demeure, et la jeune mère, appuyée contre la porte, surveillait les ébats de son fils, avec ce demi-sourire un peu attristé, qui demeura toujours le trait principal de sa physionomie. Touchant et mélancolique tableau, que j'aperçois encore en regardant derrière moi, à la distance de vingt-deux ou vingt-trois ans: Qui m'aurait dit alors ce que nous voyons aujourd'hui? Qui m'aurait dit que ce petit enfant devait être un jour apôtre et martyr, et que j'étais destiné moi-même à prêcher son panégyrique. O voies admirables de la Providence, qui donc, alors, aurait pu vous pressentir?...

La première enfance de Louis, jusqu'à l'âge de neuf ans, s'écoula dans les lieux qui nous entourent ; à l'ombre de cette église, au bord du fleuve qui la baigne, au pied de ces coteaux que bénit et protége la Vierge de Verdelais. Et c'est alors sans doute, parmi ces impressions naïves du jeune âge, qu'il conçut pour son pays natal cet attachement singulier, qu'il devait immoler plus tard, avec tant d'autres choses. Tout Langonnais aime sa patrie ; Louis, sous ce rapport, fut Langonnais plus que personne.

Vers l'âge de neuf ans, la main de Dieu transplanta l'innocence de Louis au Petit-Séminaire de Bordeaux. Je dis la main de Dieu, car les circonstances qui déterminèrent son entrée dans le pieux asile que je viens de nommer furent toutes fortuites, c'est-à-dire toutes providentielles. La pensée de mettre l'enfant sur la voie du sacerdoce n'y fut pour rien, et quant à lui-même, il était certes bien loin d'y songer. Ce qu'il fut d'ailleurs, pendant les sept années qu'il passa au Petit-Séminaire, un autre que moi l'a dit avec une fraîcheur d'imagination et une fleur de langage que je ne saurais égaler. Le 8 mars dernier, dans la chapelle du Petit-Séminaire, au milieu d'une fête qui avait le même objet que celle-ci, en présence des maîtres et des élèves, un jeune prêtre, enfant de Langon [1], monta dans la

(1) M. l'abbé Deydou.

chaire, et là, retraçant la vie de Louis Beaulieu, le ressuscitant pour ainsi dire par la magie d'une parole éloquente, il raconta à cette jeunesse qui l'écoutait, comment notre martyr avait traversé ces années de l'adolescence, qui ne sont jamais absolument exemptes d'orages. Qu'importe, après tout, l'orage et même l'écueil, s'ils ne doivent servir en définitive qu'à la solidité future de la vertu qu'ils éprouvent mais qui leur échappe ! — Ah ! je vois encore ce cher enfant, tel qu'il était sur les bancs du Petit-Séminaire, corps faible et délicat, physionomie sereine et sympathique, naturellement modeste et bon camarade ; plus d'intelligence et de jugement que d'imagination ; plus de cœur au dedans qu'au dehors ; ressentant plus d'affection qu'il n'en témoignait ; parole déjà sobre ; travaillant sans beaucoup d'ambition apparente, mais travaillant assez pour continuer dignement cette tradition de succès littéraires, qui est dans nos Séminaires une tradition langonnaise. Tel était Louis ; d'autres peut-être montrèrent pour la piété des dispositions plus précoces, mais une âme plus franche et plus sincère dans l'aveu de ses fautes, je ne crois pas qu'il y en ait jamais eu. Celui qui te rend ce témoignage, ô Louis, fut jadis le père de ton âme, et sa main est la première qui se soit levée sur ta tête pour te donner l'absolution sacramentelle. Te souvient-il là haut, dans les délices de la communion éternelle et sans voile, te souvient-il de ta première communion et des larmes dont elle fut accompagnée ? Ce jour-là, pour la première fois, ceux qui t'aimaient virent toute ton âme apparaître sur ton doux visage, et ton âme qui rayonnait d'une sensibilité jusque là inconnue, elle nous sembla belle comme l'espérance. Mais qu'espérions-nous au juste? nous n'aurions su le dire... Beaulieu continua sa route sans savoir où il allait, sans chercher à le savoir. *Porro Samuel necdùm sciebat Dominum neque revelatus fuerat ei sermo Domini.* [1]

Le voici, Messieurs, arrivé à cèt âge, décrit par Bossuet dans le panégyrique de saint Bernard, premier patron de notre bien-aimé séminariste : « Vous dirai-je ce que c'est qu'un jeune homme? s'écrie Bossuet, quelle ardeur! quelle impatience! quelle impétuosité de désirs! » Beaulieu était arrivé aux confins de cet âge généreux et brûlant; il touchait à ses dix-huit ans... et Dieu se taisait encore. Mais après la période du silence de Dieu, la période de ses confidences et de ses communications allait s'ouvrir. Quel fut le jour précis, quelle fut l'heure où, des profondeurs éternelles, tomba dans l'âme de Louis la première parole qui commença à lui révéler le dessein de Dieu?... Dieu le sait; les hommes ont conjecturé que ce fut pendant une retraite, à la fin de son petit-séminaire... Quoi qu'il en soit du jour et de l'heure, Dieu lui montra le sacerdoce, et dans ce langage du fond de l'âme qui n'appartient qu'à lui, dans ce langage qui n'est souvent qu'un souffle presque imperceptible et comme le murmure d'une harmonie lointaine, il dit à Beaulieu : Tu seras prêtre. Et presque aussitôt après, lui montrant l'apostolat, il lui dit : Tu seras missionnaire.

(1) Reg. III-7.

La parole de Dieu est une semence : *Semen est verbum Dei* [1]. Et maintenant que la voilà jetée dans l'âme de Louis, laissez-la faire, cette semence céleste ; elle germera, elle portera son fruit en la saison des fruits : *Tempore opportuno*. Mais auparavant il faudra qu'elle meure pour ainsi dire, au sein de la terre qui l'a reçue ; il faudra que cette terre elle-même soit désolée par les frimas, par la neige, par l'aquilon... Oui, venez âpres vents de l'hiver, venez siffler sur cette terre, sur cette âme. Venez adversités poignantes ; venez contradictions et paroles d'obstacle ; venez maladies et souffrances, venez tuer tout ce qui doit mourir : l'impatience trop naturelle des désirs, les superfétations de l'amour-propre, les affections parasites de la chair et du sang... Venez, frappez, tuez !

Tout cela vint, en effet, et Louis profita de tout, sachant reconnaître en tout la main et la voix de Dieu... Car Dieu ne parle pas seulement par les oracles intérieurs de sa grâce ; il parle aussi par les évènements qui nous arrivent et qui composent le tissu de notre vie.

Après sa rhétorique, Beaulieu entra au Grand-Séminaire de Bordeaux. Il y entra avec le désir d'en sortir au plus tôt, pour entrer dans un autre où était déjà tout son cœur. Mais ce désir, ce mystère de Dieu qu'il portait dans son âme, il le cachait à sa mère, se demandant à lui-même comment il aurait le courage de lui en faire part. Bientôt, hélas ! il eut besoin d'un courage plus grand encore, celui

(1) Luc. VIII-IV.

de voir mourir cette mère tant aimée et si digne de l'être.

Pauvre femme ! des revers de fortune, d'amers chagrins avaient visité son foyer. Ce foyer même, si je ne me trompe, était passé à des mains étrangères ; et la mère de Louis, résignée à tout, mais atteinte d'un mal qui ne pardonne pas, commença à se traîner péniblement vers la tombe. Elle acheva de s'éteindre le 7 novembre 1859. Son dernier regard fut pour son fils, seule joie de son passé... Il était là, son fils, à l'heure de l'agonie, comprimant les sanglots qui étouffaient sa poitrine, disant à Dieu : *Fiat;* adorant la volonté du souverain maître et baisant cette main de Dieu qui lui prenait sa mère.

Il ferma les yeux de sa mère ; puis, devant la tombe encore ouverte, brisé de douleur mais s'élevant au-dessus de sa douleur par un effort qui l'étonnait lui-même, Louis laissa tomber une parole qui allait jusqu'à bénir Dieu du coup qui l'accablait : « Le bon Dieu fait bien ce qu'il fait, dit-il à un de ses intimes, maintenant rien ne m'arrêtera. »

Néanmoins, quatre ans s'écoulèrent, et, au bout de quatre ans, il était encore arrêté. Qui donc le retenait de la sorte ? qui donc l'empêchait de courir à son but ? Ceux qui avaient le droit de le retenir, ceux qui avaient le droit de lui dire : Attendez, plus tard nous verrons. Combien de fois, hélas ! ses plus vives instances ne vinrent-elles pas se briser contre une pareille réponse ? Et, chaque fois, c'était pour son cœur une nouvelle blessure. Se tournant alors avec larmes du côté de Dieu : mon Dieu, lui disait-il, je suis donc bien indigne d'être missionnaire [1]. Mais rien ne pouvait ébranler sa résolution ; toujours il gardait l'espoir d'obtenir des hommes, à force de volonté, et de Dieu, à force de prières, que son désir serait enfin rempli.

Du reste, personne autour de lui ne se doutait du supplice de son âme, ni des luttes sacrées qui en étaient la cause. Il paraissait tranquille et heureux. Ajoutons qu'il possédait l'aimable secret de rendre ceux qui l'entouraient plus heureux qu'il ne l'était lui-même, ayant pris pour devise ces paroles du grand Apôtre : Je me rends agréable à tous en toutes choses, ne cherchant point mon intérêt, mais l'intérêt de tous : *Per omnia omnibus placeo non quærens quod mihi utile est sed quod multis* [2].

Et dans cette pratique de l'amabilité évangélique, comme dans tout le reste, il n'avait qu'un but que voici : « Bien convaincu, écrivait-il, que mon indignité est le principal empêchement à mon départ, je veux commencer par enlever cet obstacle en faisant le plus saintement possible mon Séminaire, que je considère devant Notre-Seigneur comme le lieu de ma probation [3]. »

Son Séminaire, c'est ainsi qu'il le fit : saintement, d'autant plus saintement que sa vertu aimait à se voiler sous les habitudes les plus communes et sous les dehors les plus simples.

(1) Lettres à M. l'abbé Rousseille, directeur au Séminaire des Missions Etrangères.
(2) I ad Cor. X-33.
(3) Lettre à M. l'abbé Rousseille (21 nov. 1860).

Le pays du martyre était cependant le pays de ses rêves. Parmi les livres de sa petite bibliothèque, les plus usés étaient des biographies de Martyrs, comme celles des vénérables Gagelin, Chopard, Borie, Cornay. Enfants du siècle, vous ne connaissez peut-être pas ces hommes? Et pourtant, dans l'histoire des âmes, il n'en est pas de plus grands. *Isti sunt qui venerunt de tribulatione magnâ, et laverunt stolas suas in sanguine Agni. Ideo sunt antè thronum Dei, et serviunt ei die ac nocte, in templo ejus.* Ceux-là sont venus de la grande tribulation, et ils ont lavé leurs robes dans le sang de l'Agneau, c'est pourquoi ils sont devant le trône de Dieu et ils le servent jour et nuit dans le temple de son éternité [1].

En 1861, il apprend le martyre de MM. Néron et Vénard, deux jeunes missionnaires qui venaient d'être décapités au Tong-King occidental... « Qu'ils sont heureux! écrit-il au confident de ses pensées; non, il ne se peut pas que je sois digne d'une pareille mort! Je ne demande qu'à me consumer lentement et péniblement pour le salut de quelques infidèles [2]. »

Ce calice du martyre, que Louis devait boire jusqu'à la lie, Dieu voulut que dès cette époque il y trempât ses lèvres, qu'il en prît un lointain avant-goût.

Depuis la mort de sa mère, un oncle et une tante, dont les nobles sentiments et la généreuse

(1) Apoc. VII, 14, 15.
(2) Lettre à M. l'abbé Rousseille. 28 juin 1861.

conduite sont ici trop connus et trop au-dessus de mes éloges pour que je prétende les louer; un oncle et une tante l'avaient adopté comme l'enfant de la maison. Un jour, il arrive chez eux, c'était pendant l'été de 1863, année qu'il passa en partie au Petit-Séminaire, en qualité de professeur, après le cours de ses études théologiques et sa promotion au sous-diaconat. Un mal étrange, et de la plus inquiétante nature, avait forcé le jeune professeur à quitter ses fonctions. Il venait se faire soigner. On dut lui parler d'une opération terrible et tellement douloureuse, qu'elle pouvait coûter la vie. Louis n'hésita pas à s'y soumettre. L'opération dura une heure; une heure d'affreuse agonie... On lui tranchait la chair jusqu'aux os, on lui arrachait des lambeaux vivants, et le sang coulait à flots. Louis, cependant, tenait son crucifix entre ses mains. Il ne poussa pas une plainte. « Je pensais au martyre, dit-il plus tard à sa tante. » Le médecin versa des larmes d'admiration, et, à son heure dernière, cet homme du monde s'est souvenu de la religion qui donne un pareil courage. La convalescence fut laborieuse; nous crûmes pendant quelque temps qu'elle n'aurait qu'un terme fatal. Cependant le malade finit par se relever à moitié... Son désir et ses espérances étaient toujours les mêmes; mais, sous les coups répétés de la grâce divine, ils avaient perdu leur impatience trop immortifiée d'autrefois. L'œil fixé sur son devoir de chaque jour, Louis attendait qu'il plût à la Providence de rompre ses derniers liens, ayant pris son parti d'attendre aussi longtemps qu'elle le voudrait. Sa volonté, si je puis m'exprimer de la sorte, sa volonté, apaisée, dormait entre les bras de la volonté de Dieu, lorsque la parole vainement sollicitée depuis cinq ans, et dont on avait presque désespéré, rendit enfin un bienveillant et gracieux oracle... *Intellexit Heli quia Dominus vocaret puerum, et ait ad Samuelem : vade.* Le grand-prêtre comprit que le Seigneur appelait l'enfant, et il dit à Samuel : Va où Dieu t'appelle [1].

Quel beau jour pour Louis! C'était le 4 août 1863. Un an plus tard, le 4 août 1864, étant déjà loin de la France, Beaulieu écrira sur son journal de voyage : — « Voici, pour moi, un grand anniversaire ; c'est à pareil jour que j'ai reçu de Monseigneur la permission d'entrer aux Missions Etrangères. Il faut avoir subi pendant quatre ans des refus désolants pour apprécier une pareille grâce. De ma vie je n'oublierai ni le jour ni l'heure. »

— Vous avez fait, Eminence, bien des heureux dans votre longue et illustre carrière, et l'histoire dira que ce fut la pente naturelle de votre cœur; ce jour-là, c'était plus qu'un heureux que vous aviez fait. « Je ne croyais pas que la joie pût rendre fou, disait Louis, au moment de partir; aujourd'hui, je commence à le croire. »

Le 1er septembre 1863, Louis Beaulieu était au Séminaire des Missions Etrangères, et sa veille d'armes commençait...

Oui, sa veille d'armes! Qu'est-ce, en effet, que

(1) I Reg. III-9.)

ce Séminaire des Missions Etrangères, sinon le lieu où les soldats de Jésus-Christ font la veille d'armes qui doit précéder leur entrée en campagne! Le Séminaire des Missions Etrangères, quelle merveille!. Là, au centre de Paris, à dix pas de cette autre merveille, qui se nomme le Séminaire des Sœurs de Charité! Ah! si la France avait des yeux pour voir!… Elle invite le monde à venir la contempler, elle prétend faire devant le monde l'exposition universelle de tout ce qui l'honore… Mais ce qui l'honore le plus, elle ne sait pas le voir elle-même!… — Ils sont là une phalange de jeunes gens, venus de tous les points du territoire…, — assez nombreux pour qu'il ne reste pas de vide dans la Maison, et la Maison est grande. Ils sont là, et pour y arriver, pas un qui n'ait eu à surmonter de formidables obstacles…; pas un (et quoique sans père ni mère, Beaulieu ne fera pas exception), pas un qui n'ait dû se condamner à briser des cœurs aimés, à passer sur les débris de ces cœurs; pas un qui n'ait laissé derrière lui d'inconsolables pleurs et d'immortelles blessures, dont il porte en lui-même le douloureux et amer souvenir… Et tout cela, pourquoi? Quelle est l'ambition qui les guide? quelle est la passion qui les enflamme?… Pas d'autre passion, pas d'autre ambition que d'ajouter à leurs premiers sacrifices, des sacrifices sans fin, de renoncer à la patrie, à l'amitié, de mettre des Océans et tout un monde entre leur cœur et tout ce que le cœur aime par nature; de s'en aller sur quelque terre lointaine, où ni les cieux, ni le sol, ni la langue, ni les usages ne leur rappelleront la terre natale, où les hommes mêmes seront pour eux encore plus redoutables que le climat et les bêtes féroces ! Pas d'autre ambition, pas d'autre passion que de consacrer leur vie entière, de se vouer corps et âme à un apostolat ignoré, et dont les prisons, les tortures et les bourreaux seront les moindres accidents. Que dis-je ? ces prisons, ces tortures, ces bourreaux, la mort sanglante, c'est le comble de leurs vœux, leur plus chère espérance, ce qui les consolera de tout le reste... Pourvu qu'à ce prix, ils puissent faire connaître, faire aimer Jésus-Christ et sauver des âmes, ils se tiennent déjà satisfaits ! Ils aiment Jésus-Christ. Ils aiment les âmes que Jésus-Christ a rachetées... Ils les aiment jusque-là. — Mais ils sont donc fous ? — Justement, vous l'avez dit ; fous pour Jésus-Christ. *Stulti propter Christum* (1). Sachez toutefois, ô sages du siècle ! que c'est là une folie divine... et que ces fous du Séminaire des Missions sont aux yeux des Anges et devant la Vérité l'élite de la France et la fleur de sa véritable noblesse !

C'est en récitant le *Te Deum,* l'hymne de l'action de grâces, que Beaulieu inaugura sa veille d'armes, et l'on peut dire que ce *Te Deum* mille fois recommencé ne connut plus d'interruption dans son âme ; son âme ne cessait de le chanter... *In corde suo Domino decantabat* (2). Les lettres qu'il écrivait à cette époque sont aussi des lettres qui chantent :

(1) 1 ad Cor. IV-10.
(2) Actes de sainte Cécile.

elles chantent la joie de son cœur sans exclure cependant les doux gémissements de l'humilité la plus vraie.

Avez-vous entendu parler de ce qu'on appelle là-bas la salle des martyrs?... C'est une sorte de sanctuaire où l'on garde les reliques des missionnaires qui ont confessé Dieu, par la perte de leur vie ; là sont les glaives qui les ont frappés, les cangues et les chaînes qu'ils ont portées, les cordes et les fouets qui ont déchiré leur chair, les linges teints de leur sang, quelques débris de leurs ossements sacrés et des tableaux d'origine asiatique qui représentent les scènes terribles de leur martyre. Louis fut chargé d'écrire une notice sur la salle des martyrs.

Or, écoutez les sentiments de son âme : « Ce que je trouve de plus écrasant pour mon peu de vertu, écrivait-il, c'est cette visite à la salle des martyrs. J'y vais avec un empressement bien vif, mais j'y reste sous le coup d'une confusion bien légitime d'ailleurs. O priez bien pour moi! car tout ici parle d'héroïsme et je suis bien faible, vous le savez. Non, ajoutait-il, je ne puis penser que Dieu daigne m'appeler à verser mon sang pour lui. [1] »

Et néanmoins, pour obtenir cette faveur qu'il n'osait espérer, que d'efforts ne faisait-il pas! Ceux qui l'ont bien connu au Séminaire des Missions nous le dépeignent comme l'un des aspirants les plus humbles et les plus charitables que cette maison ait vus.

(1) Lettre à M. l'abbé Larrieu, supérieur du Grand-Séminaire de Bordeaux (1863).

A mesure qu'approchait le terme de son noviciat, de sa veille d'armes, il redoublait de ferveur et de joie.

Le 21 mai 1864 il fut ordonné prêtre. Quelques jours après, un soir du mois de juin, dans la chapelle du Séminaire des Missions, devant l'autel illuminé, on voyait sept jeunes prêtres, debout comme des voyageurs déjà en route, comme des soldats déjà en campagne. Le chœur chantait ces paroles sacrées : *Quam speciosi pedes evangelizantium pacem, evangelizantium bona.* Et pendant que le chœur chantait de la sorte, les assistants, en commençant par les vieux confesseurs de la foi qui sont les maîtres et les pères de la maison, venaient baiser à genoux ces pieds heureux, chargés de porter au loin la bonne nouvelle et la paix du Seigneur.

Parmi les sept nouveaux missionnaires, on pouvait en remarquer un plus jeune que ses frères. Une joie surabondante éclatait à travers ses larmes. C'était l'un des quatre qui venaient d'être destinés à la plus périlleuse d'entre les missions, à la mission de Corée. C'était notre Louis Beaulieu. Le voyez-vous ? Comme la terre de France lui brûle les pieds !... Le bréviaire sous le bras, le crucifix entre ses mains, son Jésus dans le cœur, il vole par la pensée vers ses chers Coréens : O Coréens, voici ma vie ; elle est à vous : *Non solum evangelium sed etiam animas nostras, quoniam charissimi nobis facti estis* [1].

Hé bien ! va cher Louis, ta veille d'armes est fi-

(1) I. ad Tessal. II-8.

nie... Va où Dieu t'envoie... Après l'époque de la *préparation,* voici l'époque de l'*action;* va et travaille comme un bon soldat de Jésus-Christ : *Labora sicut bonus miles Christi* [1].


## II.


La seconde partie de la vie de notre missionnaire-martyr, l'époque de l'action, fut de courte durée : vingt mois à peine. Ces vingt mois embrassent ses étapes apostoliques, ses divers campements, et son grand combat; trois choses, Messieurs, qu'il me reste à vous raconter pour la gloire de Jésus-Christ dans celle de son apôtre.

Parmi les mers qui baignent le globe, il en est deux qui se sont particulièrement ressenties du contre-coup de cette puissante et féconde parole, prononcée un jour du haut d'une montagne de la Judée : « Allez donc, et enseignez toutes les nations. » Il y a deux mers qui servent particulièrement de chemin aux messagers de l'Evangile. L'une, la Méditerranée, jadis parcourue en tous sens par les premiers apôtres, par ceux dont le Seigneur avait dit dans Isaïe : J'enverrai ceux que j'ai choisis, ils lanceront les traits ardents de leur parole vers l'Afrique, la Lydie, la Grèce, l'Italie, vers les îles lointaines, vers ceux qui n'ont point

(1) II. ad Tim.

entendu parler de moi, qui n'ont point vu ma gloire, et ils annonceront ma loi aux nations [1].

L'autre est l'Océan des Indes. N'avez-vous pas entendu les accents de Fénelon : « Peuples des extrémités de l'Orient, s'écrie-t-il, votre heure est venue ; Alexandre, ce conquérant rapide que Daniel a dépeint comme ne touchant pas la terre de ses pieds, lui qui fut si jaloux de subjuguer le monde entier, s'arrêta bien loin, en deçà de vous. Mais la charité va plus loin que l'orgueil. Ni les sables brûlants, ni les déserts, ni les montagnes, ni les tempêtes, ni les écueils de tant de mers, ni les flottes ennemies, ni les côtes barbares, ne peuvent arrêter ceux que Dieu envoie. Les voici, ces nouveaux conquérants, qui viennent sans armes, excepté la croix du Sauveur. » Ces conquérants, dont parle le grand archevêque, c'était l'Océan indien qui les avait portés sur ses flots étonnés de tant de courage. Et, depuis lors, cet Océan n'a pas cessé d'en porter d'autres, qui ressemblent aux premiers... L'Océan indien, c'est le grand chemin du Verbe, de l'héroïsme apostolique, de l'ambition du martyre...

Or, Louis Beaulieu s'embarqua sur la Méditerranée le 15 juillet 1864 avec ses trois compagnons d'apostolat. Suivez-le dans ses étapes rapides. Il débarque en Egypte, traverse ce pays et pénètre, par le golfe Arabique, dans l'Océan des Indes. C'était en plein mois d'août, sous un ciel embrasé... Mais que lui importait les ardeurs du soleil ! D'au-

(1) Isaïe LX.

tres ardeurs brûlaient son cœur d'apôtre. Il y avait à bord quelques Chinois employés comme domestiques. « Lorsqu'ils m'offrent quelque chose, écrit Beaulieu dans son journal intime, je ne refuse jamais. Ah! s'ils savaient combien les missionnaires les aiment! Je les regarde avec complaisance, parce qu'ils me rappellent mes chers Coréens! » — Ses chers Coréens! Qui donc lui donnera de les voir bientôt en réalité? — Vers la mi-septembre, Louis mettait le pied sur cette terre de la Chine, aux portes de laquelle François Xavier mourut jadis du désir d'en franchir le seuil. — Il campa à Hong-Kong pendant dix jours.

Voyez-vous maintenant dans les eaux du golfe de Péking ce petit voilier suédois sur lequel la tempête s'acharne avec une rage d'enfer. (Une rage d'enfer! qui sait si ce mot ne doit pas être pris à la lettre [1].) Pendant vingt-trois jours et vingt-trois nuits, la mer, furieuse et hurlante, ne cesse de lancer le bateau vers le ciel ou de le précipiter vers le fond des abîmes. Pâles d'épouvante et déjà moitié morts, les matelots ont perdu l'espérance. Au milieu d'eux, un jeune prêtre est en prières; c'est notre missionnaire; il a fait un vœu à Notre-Dame de Verdelais, et Notre-Dame de Verdelais l'a entendu... Après des périls inouïs, Beaulieu aborde sur les côtes du Léatong, dernière province orientale de la Chine; ce fut son second campement sur ces terres infidèles qui dévorent leurs apôtres.

[1] La théologie enseigne que les démons ont le pouvoir de bouleverser les airs.

Le Leatong est un pays entièrement couvert de hautes montagnes, sans aucune trace de route, et coupé par d'innombrables fleuves, dont jamais aucune sorte de pont ne subjugua l'orgueil. Il fallut s'engager à travers ce pays impraticable ; et alors, que de marches, de contre-marches, et par terre et par eau, et par vaux et par monts ! Que de privations et de fatigues ! En d'autres termes, que de joyeuses occasions de regarder le ciel et de lui dire : *Ecce nos reliquimus omnia, quid ergo erit nobis?* Nous avons tout quitté, que nous réservez-vous en retour ? [1]

On arrive, enfin, à Notre-Dame des Neiges, résidence du vicaire apostolique. Jusque-là, Beaulieu avait joui de la compagnie de ses trois frères d'armes. Le moment était venu de renoncer à cette consolation. Il fut envoyé par le vicaire apostolique dans un village chrétien pour y apprendre un peu de chinois. Il s'en allait apprendre, par la même occasion, comment un soldat de Jésus-Christ fait son service sous un froid de 25 à 30 degrés au-dessous de zéro. Telle était, en effet, la température constante de son nouveau séjour. Il campa dans ce village sans nom, dans ce petit trou, comme il l'appelle [2], depuis la fin de décembre 1864 jusqu'aux premiers jours de mai 1865, partageant ses journées entre la prière et l'étude, ne faisant que de rares sorties pour aller chercher l'absolution de l'autre côté de la montagne. Regardez cette forme

(1) Matt., XIX-27.
(2) Lettre à M. l'abbé Larrieu. Janvier 1865.

étrange, qui, bravant la rigueur d'un froid mortel, s'avance à travers la plaine sur la neige durcie, et gravit ensuite la rampe escarpée du mont, grimpant de rocher en rocher, de pic en pic... Tantôt on dirait une petite tour vivante, portée sur des pieds humains; tantôt un animal sauvage courbé vers la terre et qui se traîne plutôt qu'il ne marche. Quel est cet être mystérieux et intrépide? Vous l'avez deviné, c'est notre jeune apôtre. Enseveli sous un tas de fourrures, suivant l'usage du pays, il s'en va faire visite à son confesseur. Mais ces fourrures, qui l'empêchent de mourir tout à fait de froid, ne le dispensent pas de payer à l'hiver un large tribut de souffrances. « Quand je sors, écrit-il, en quelques instants ma longue barbe n'est plus qu'un glaçon, qui remue tout d'un bloc [1]. » Et pourtant, parmi ces horizons de glace, sa joie continue à rayonner comme un soleil. « Que je suis heureux, s'écrie-t-il, je recueille au centuple la récompense du sacrifice que j'ai pu faire en quittant la France et la famille. Non, je n'ai jamais jeté un regard en arrière; mes yeux, lorsqu'ils n'étaient pas absorbés par les affaires du moment, ne se sont dirigés que vers la Corée... Vers le passé, jamais [2]. »

La Corée! cette Corée dont l'image le visitait si souvent dans ses rêves de jour et de nuit, pour lui dire comme jadis certaine contrée de la Grèce, au grand apôtre : « Passe la mer et viens

(1) Lettre à M. l'abbé Larrieu. 1865.
(2) Ibid.

vers nous [1]. » La Corée! Louis Beaulieu allait enfin la voir et l'embrasser, après les divers campements dont nous achevons le récit. Le grand Apôtre, du moins, pouvait entrer librement dans le pays de ses songes; tel n'était pas le sort de Beaulieu. C'est, qu'en effet, la Corée est défendue par une muraille bien autrement infranchissable que la fabuleuse muraille de la Chine. Des lois de sang en gardent les frontières et menacent de mort tout étranger qui s'en approche. Et les lois sanguinaires qui veillent à la frontière contre l'étranger, veillent partout dans l'intérieur contre Jésus-Christ et son Evangile. Aussi, dans l'histoire des Missions, rien ne ressemble à un martyrologe comme les annales de l'Eglise coréenne. Ces annales, elles sont entièrement écrites avec du sang chrétien. Chaque date y est marquée par quelque édit persécuteur. Chaque détail est une scène de torture. Tout personnage connu est invariablement un bourreau ou un martyr. Le premier néophyte de la Corée fut un martyr; son premier apôtre chinois, un martyr; son premier prêtre indigène, un martyr; son premier évêque, un martyr; ses premiers missionnaires européens, des martyrs; et l'on y rencontre des familles chrétiennes qui comptent plusieurs générations de martyrs.

Et pourtant, cette Corée inabordable, cette Corée peuplée de sanglants souvenirs et constamment hérissée de supplices, Beaulieu l'aimait d'amour.

(1) Transiens in Macedoniam adjuva nos. (Act. XVI-9).

Le 2 du mois de mai 1865, à pareil jour qu'aujourd'hui, une jonque chinoise se détacha des côtes de Leatong, faisant voile vers les plages de la terrible presqu'île. Elle portait Beaulieu et ses trois compagnons qu'il avait rejoints. Ils s'en allaient ainsi, tous quatre, à la rencontre de la barque coréenne qu'avait dû leur envoyer le vicaire apostolique, averti par eux six mois auparavant. Dieu voulut qu'ils la rencontrassent après mille péripéties, trop longues à rédire. Le transbordement eut lieu en pleine mer, pendant la nuit; et voilà nos messagers du salut, entassés comme des marchandises prohibées, au fond de leur nouvelle barque, dans un étroit réduit, où force leur était de se tenir continuellement couchés, avec les jambes en crochet, et le corps ployé en deux. La barque gagna l'embouchure d'un grand fleuve et le remonta jusqu'à l'endroit fixé pour le débarquement, à quelques lieues de la capitale du royaume. De temps à autre, quand les matelots prévoyaient quelque rencontre périlleuse, ils avaient soin de recouvrir les missionnaires d'une natte, sur laquelle ils étendaient une épaisse couche de paille, sans se demander où les pauvres proscrits prendraient l'air pour respirer.

Le 27 mai au soir, déguisés sous un costume de deuil, en usage chez les nobles Coréens, c'est-à-dire la tête couverte d'un chapeau conique à larges bords, et garni d'un voile en grosse toile de chanvre qui cachait entièrement leur visage, les quatre apôtres purent sortir de leur retraite et s'enfoncer dans l'intérieur des terres. « Merci, mon Dieu, s'écria Louis, en prenant possession du rivage tant désiré. » Et comme ce guerrier, arrivé malgré la mitraille au sommet du rempart, il ajouta : « J'y suis et j'y reste. »

Quelques semaines plus tard, dans un pauvre village, au milieu de hautes montagnes, une pauvre famille chrétienne recevait à son chétif foyer un pèlerin enveloppé du grand costume de deuil; c'était notre Louis. Il venait se cacher dans un coin de cette chaumière pour y apprendre le dialecte coréen, beaucoup plus intraitable que le chinois lui-même. Et là, plusieurs mois durant, les quatre murs de la misérable chambre qu'on lui destine seront pour lui les murs d'une prison. Il n'en sortira que très rarement et presque jamais pendant le jour, de peur d'éveiller une curiosité qui pourrait devenir fatale à ses hôtes, autant qu'à lui-même. Réclusion continuelle, nourriture répugnante, incommodités et privations de toute sorte, ce sera sa vie. Mais il regarde son Jésus; il le regarde sur la croix, il le regarde dans les cieux, à la *droite de son Père* [1], et il écrit ces lignes, peut-être les dernières de sa main, qui devaient parvenir en Europe : « Malgré tout, la prison coréenne a ses charmes; le cœur y surabonde de joie en pensant que l'œuvre de Dieu se fait par d'autres; et en pensant aussi que peut-être plus tard on sera jugé digne de donner son petit coup de main. [2] »

(1) Vidit... Jesum stantem a dextris Dei. (Act. VII-55.)
(2) Lettre à M. Larrieu (sept. 1865).

Six mois s'écoulèrent; pendant ce laps de temps Beaulieu avait par deux fois donné les sacrements aux chrétiens de son village, et une fois à ceux du village voisin. Il avait baptisé quelques adultes, béni deux ou trois mariages, confirmé quelques personnes. Vers les premiers jours de février de l'année dernière, il reçut une lettre du vicaire apostolique qui lui assignait à trente lieues de là un poste d'honneur, un poste de sentinelle perdue. Le missionnaire s'apprête à partir; les temps étaient calmes, et l'horizon tout embelli d'heureux présages. Peut-être à cette vue Beaulieu se répétait-il à lui-même ce qu'autrefois on lui avait entendu dire : « Qui sait combien de temps ils vont me faire attendre ! » Lorsque soudain, comme un coup de tonnerre, éclate le bruit de la persécution. M<sup>gr</sup> Berneux venait d'être arrêté. A peine cette nouvelle commençait-elle à se répandre, que Beaulieu voit sa propre retraite envahie par des hommes armés... On dit, hélas! qu'à l'exemple du Maître, il avait été trahi par celui qui mangeait à sa table, par son catéchiste, chrétien depuis trois ans.

Les émissaires de la police royale se saisissent brutalement de sa personne; on le garotte, on le jette sur une rude civière, et les mains liées sur la poitrine avec un cordon rouge, signe distinctif des grands criminels, la tête coiffée d'un bonnet jaune, on le dirige sur la capitale.

C'est ici, Messieurs, que va commencer le grand combat du jeune et bon soldat de Jésus-Christ : *Ecce venit hora et jam venit* [1]. O Vierge Marie, vous qu'il

(1) Joan. XVI-3.

aima d'un si tendre amour, venez assister à ce spectacle. Bienheureux saint Bernard, et vous saint Louis de France, ses deux patrons, venez contempler le généreux athlète. Venez, anges du paradis... Venez vous aussi, ô douce femme, qui le portâtes jadis entre vos bras, après l'avoir porté dans vos entrailles, vous qui lui disiez mon fils, et à qui il disait ma mère, venez assister à sa mort comme il assista jadis à la vôtre... Venez vous tous qui habitez les demeures éternelles, et en même temps obtenez-moi la force de raconter ce qu'il eut la force de souffrir.

Pendant que j'invite le ciel à descendre, l'enfer avec ses démons est déjà sorti des abîmes, déjà sur place pour souffler sa rage au cœur des bourreaux, déjà en ligne pour combattre avec eux, et, s'il le peut, humilier Jésus-Christ dans son serviteur, en arrachant à celui-ci un mot d'apostasie ou tout au moins des gémissements et des plaintes. — O enfer, tu seras vaincu par cet enfant!

Regardez! regardez [1]!...

Il y a déjà deux ou trois jours que Louis Beaulieu a été jeté dans les cachots infects de la capitale, où se trouvent aussi, avec son évêque, deux de ses compagnons d'apostolat. Non loin de la prison, le tribunal où ils doivent comparaître se prépare à les juger solennellement. La foule païenne assiége les portes et remplit l'enceinte. De nombreux soldats, le sabre au poing, sont

(1) Les détails qui suivent ont été transmis au Séminaire des Missions Etrangères d'après le récit de témoins oculaires.

rangés autour de la salle, avec ordre de contenir la multitude; les bourreaux se tiennent debout auprès de leurs instruments de supplice; les juges ont pris place sur leur siége, et voici qu'à travers les hurlements de la populace, on introduit les prisonniers.

Tout ce terrible appareil n'intimide pas Louis, il le regarde sans trembler. *Spiritu magno vidit ultima* (1). C'est son tour de subir l'interrogatoire. Il commence par s'excuser sur son inexpérience de la langue. Le grand mandarin lui demande pourquoi il est venu en Corée? Pour prêcher Jésus-Christ, répond-il; pour prêcher Jésus-Christ et sauver les âmes. — Renonce à ton Dieu et adore les nôtres. — Jamais, jamais; je ne désire qu'une chose, mourir pour Jésus-Christ. — Quels furent en ce moment l'accent de sa voix et l'expression de son visage? Anges du ciel, vous seuls pourriez le dire. Mais il fallait bien que, dans cet accent et dans cette expression, les juges et les bourreaux eussent remarqué quelque chose d'extraordinaire qui défiait leur cruauté, puisque en dépit de sa touchante jeunesse, ils se mirent à le traiter avec une barbarie exceptionnelle... Le grand mandarin ordonne que l'accusé soit mis à la torture. Aussitôt, les bourreaux, furieux, se précipitent sur leur jeune victime; ils l'étendent sur le sol, et, armés de longs bâtons triangulaires, ils se mettent à le frapper violemment sur les jambes et sur les pieds, jusqu'à ce que les jambes et les pieds soient meur-

(1) Eccli. XLVIII-27.

tris et brisés comme la paille sous les coups du fléau.

Cher Louis, je sens tout mon corps qui frissonne et mon cœur près de défaillir. Oh! que ne puis-je baiser tes pieds ainsi broyés pour l'amour de ton Maître : *Quam speciosi pedes!*... Que ne puis-je les arroser de mes larmes !

Après cette première torture, qui sans doute avait laissé Louis presque inanimé, mais invincible, on le rapporte en prison.

Le lendemain ou le surlendemain, le voici de nouveau sur le champ de bataille, c'est-à-dire devant le tribunal. Loin de s'être abattu, son courage paraît aux juges plus indomptable que jamais... « Qu'on le mette encore à la torture, bourreaux, faites votre devoir... » Et s'armant cette fois d'une sorte de pieux pointus, ils les enfoncent çà et là dans le corps du patient, particulièrement dans la région des côtes. De larges trous, par où le sang s'échappe à flots, marquent sur la chair de la victime les traces de cette affreuse torture. Louis, cependant, invoquait le saint nom de Jésus.

Comme il refusait toujours d'apostasier, le grand mandarin rend contre lui une sentence de mort. La sentence était rédigée en ces termes : *So* rebelle et désobéissant, sera décapité après qu'il aura subi divers supplices ; — comme s'il pouvait en subir de nouveaux, après tous ceux dont on l'avait accablé !

On attache donc le condamné sur une espèce de chaise portative, avec des liens qui enchaînent tous ses mouvements ; sa tête même est assujettie par les cheveux aux barreaux du dossier, et Beaulieu est ainsi traîné au lieu ordinaire des exécutions capitales. Voyez-vous notre ami, notre frère, quel pitoyable état! Tout son corps n'est qu'une plaie. *A plantâ pedis usque ad verticem non est in eo sanitas;* son sang ruisselle de toutes parts; il ne respire plus qu'avec peine, languissamment et par intervalles...

Le cortége arrive sur une grande plage de sable, à dix minutes du fleuve qui baigne la capitale du royaume. Là, une multitude innombrable se trouvait déjà rassemblée. Un grand mât, surmonté d'un drapeau blanc, indiquait le milieu de l'arène fatale. L'estrade des mandarins était dressée à l'une des extrémités. Quatre ou cinq cents soldats formaient la haie. Notre héroïque Louis est déposé au pied du grand mât, et voilà qu'après avoir dénoué ses liens, on le dépouille de ses derniers vêtements; on asperge d'eau sa figure et sa tête, et on les saupoudre en même temps d'une chaux vive qui brûle et dévore les chairs. On lui transperce les oreilles de haut en bas avec un roseau, qu'on laisse planté dans la blessure. Puis, ses bras étant enchaînés derrière le dos, on glisse une longue pièce de bois sous chaque aisselle... deux soldats en prennent les extrémités, l'un par devant, l'autre par derrière, et soulevant ainsi jusqu'à la hauteur de leurs épaules le corps nu et sanglant du martyr, ils se mettent à le promener autour de l'arène, sous les yeux et les cris de la populace, entre deux troupes de satellites qui blasphèment et qui hurlent. Huit fois, l'horrible procession fait le tour de l'enceinte, mais en décrivant une spirale qui chaque fois se rétrécit davantage, en sorte qu'au huitième tour, le martyr se retrouve au pied du mât central. Là, six bourreaux attendent, armés d'énormes couteaux. Les soldats se déchargent de la victime en la jetant sur le sol. On lui fait prendre l'attitude d'un homme agenouillé avec la tête penchée en avant, pour recevoir la mort. O mon Louis! voici l'heure de tes désirs... Qui sait si, dans ce moment suprême, tu n'offris pas ta vie pour quelqu'un de ceux qui m'entendent?

Au signal donné, les six bourreaux poussent des cris sauvages, et forment une ronde infernale autour du martyr. Chacun en passant brandit son arme et frappe... Le premier passe et frappe, le deuxième passe et frappe, le troisième passe et frappe et, quoique labourée par trois affreuses blessures, la tête reste encore attachée au tronc... A son tour, le quatrième bourreau arrive, mesure son coup et frappe. O Dieu! je vois la tête de mon fils qui roule sanglante sur le sable! J'entends les rugissements de l'enfer vaincu et humilié qui rentre dans ses abîmes!! J'entends les applaudissements de l'armée des cieux, et les cieux qui s'écrient : O Louis! tu as vaillamment combattu le bon combat, viens recevoir ta récompense et entre dans la joie de ton Dieu : *Intra in gaudium Domini tui!!!*

Tel fut le grand combat de Bernard-Louis Beaulieu; c'est ainsi qu'il acheva de mériter le glorieux titre de bon soldat de Jésus-Christ : *Bonus miles Christi*.

Et maintenant, Messieurs, que voulez-vous que j'ajoute?...

Les restes de Louis Beaulieu, pieusement recueillis par les chrétiens, dorment ensevelis dans une montagne de la Corée. Oh! que la rosée et les bénédictions du ciel tombent à jamais sur cette montagne lointaine où repose notre frère!... Puisse-telle un jour nous rendre le dépôt qui lui fut confié!... Puisse cette héroïque poussière qui aima Dieu jusqu'à la mort et qui probablement, dès ce monde même, tressaillit parmi les supplices à la vue de Jésus-Christ, Fils du Dieu vivant, puisse cette poussière chérie être placée un jour sur l'autel de cette église de Langon... Puissions-nous la revoir de nos yeux avant que nos yeux se ferment à la lumière du jour... Puissions-nous être autorisés, par décision du Siége apostolique, à lui offrir publiquement l'hommage de notre vénération.

En attendant, le sang de notre martyr ne cessera de crier : *Vox sanguinis clamat* [1]. Et que crie-t-il?

Il crie au Ciel : miséricorde pour les bourreaux qui l'ont versé, demandant à Dieu que la Corée abjure enfin ses idoles et se convertisse à Jésus-Christ.

Il crie à l'Eglise : courage... Et jusque sur les hauteurs du Vatican, au milieu des tempêtes qui l'environnent, Pie IX l'a entendu, et Pie IX lui a

(1) Gen. IV.-10.

répondu par des paroles émues que les échos de la chrétienté ont répétées (1).

Il crie à la France : qu'elle se souvienne de sa vocation providentielle... O France! lui dit-il, c'est à toi qu'au moment de mourir sur le chemin d'Ostie, le grand Apôtre jeta son glaive à travers l'espace pour t'en faire héritière... le glaive du prosélytisme catholique... le glaive des sublimes dévouements. O France! avec le pommeau de ton épée, fais tomber les barrières qui empêchent l'Evangile de pénétrer chez tant de peuples de l'Orient, et du même coup renverse pour jamais les supplices qui ont immolé un si grand nombre de tes fils.

Il crie ce sang, à la ville de Langon : à vous les parents de notre martyr, à vous ses amis, à vous ses concitoyens, il vous crie que Louis vous aime encore, et qu'il est désormais votre protecteur dans le ciel.

A nous tous, qui que nous soyons, ce sang nous crie d'aimer Jésus-Christ, de songer à notre éternité, de réformer notre vie pour que notre mort soit sainte.

O Louis! ô frère! ô ami! ô martyr! ô bon soldat de Jésus-Christ! Prie pour nous! Puissions-nous te rejoindre un jour dans les splendeurs du paradis!

Et vous Seigneur, père des miséricordes, vous à qui revient toute la gloire des martyrs, laissez-moi vous adresser en finissant les paroles mêlées de larmes que vous adressait jadis un de vos grands ser-

(1) Allocution du jour de Noël 1866. (Voir le journal le *Monde,* 1er janvier 1867.)

viteurs, après la mort d'un disciple qu'il avait aimé comme un fils : *Jam non ponit aurem ad os meum, sed spirituale os ad fontem tuum, et bibit quantùm potest sapientiam pro aviditate suâ, sine fine felix. Nec sic eum arbitror inebriari ex eâ, ut obliviscatur mei, cùm tu, Domine, quem potat ille, nostri sis memor.* Ce cher enfant n'approche plus son oreille de ma bouche pour en recevoir les lecons, mais il approche sa bouche spirituelle de la source de votre sagesse et il s'y désaltère à loisir dans un bonheur sans fin. Je ne crois pas pourtant qu'il s'enivre là jusqu'à m'oublier, puisque vous, ô Seigneur! dont il boit les délices, vous ne m'oubliez pas [1].

(1) D. Aug. Conf. lib. IX, c. III.

AMEN.